BEI GRIN MACHT SICH IHR WISSEN BEZAHLT

- Wir veröffentlichen Ihre Hausarbeit,
  Bachelor- und Masterarbeit

- Ihr eigenes eBook und Buch -
  weltweit in allen wichtigen Shops

- Verdienen Sie an jedem Verkauf

Jetzt bei www.GRIN.com hochladen und kostenlos publizieren

Mohamed Chaabani

Literaturrecherche bei wissenschaftlichen Arbeiten

Eine Untersuchung

GRIN Verlag

Bibliografische Information der Deutschen Nationalbibliothek:

Die Deutsche Bibliothek verzeichnet diese Publikation in der Deutschen National-
bibliografie; detaillierte bibliografische Daten sind im Internet über http://dnb.d-
nb.de/ abrufbar.

Impressum:

Copyright © 2013 GRIN Verlag GmbH
Druck und Bindung: Books on Demand GmbH, Norderstedt Germany
ISBN: 978-3-656-40732-4

Dieses Buch bei GRIN:

http://www.grin.com/de/e-book/212030/literaturrecherche-bei-wissenschaftlichen-
arbeiten

GRIN - Your knowledge has value

Der GRIN Verlag publiziert seit 1998 wissenschaftliche Arbeiten von Studenten, Hochschullehrern und anderen Akademikern als eBook und gedrucktes Buch. Die Verlagswebsite www.grin.com ist die ideale Plattform zur Veröffentlichung von Hausarbeiten, Abschlussarbeiten, wissenschaftlichen Aufsätzen, Dissertationen und Fachbüchern.

Besuchen Sie uns im Internet:

http://www.grin.com/

http://www.facebook.com/grincom

http://www.twitter.com/grin_com

Die Literaturrecherche bei den wissenschaftlichen Arbeiten

Chaabani Mohamed

Abstract

Gegenstand der vorliegenden Forschungsarbeit ist die Untersuchung der Literaturrecherche bei den wissenschaftlichen Arbeiten. Das Schreiben einer wissenschaftlichen Arbeit setzt weitaus eine richtige Literatursuche voraus. Somit gilt die Literaturrecherche hierbei als ein relevanter Arbeitsschritt. Vor diesem Hintergrund wurde versucht, das Recherchieren wissenschaftlich zu untersuchen. Das Augenmerk gilt hierbei, den Fragen nachzugehen; was, wo und wie wird recherchiert? Für die Untersuchung wurde eine schriftliche Befragung durchgeführt, um die Einstellung der Studierenden über die Literaturrecherche zu erfassen.

Zum Recherchieren

Um eine Forschungsarbeit zu schreiben, benötigt man wissenschaftliche Literaturquellen. Nachfolgend werden den folgenden Fragen nachgegangen: Was ist Literatur? Wo und wie führt man eine Literaturrecherche durch?

In diesem Zusammenhang weist Brink, A.[1] (2005, 49) darauf hin, dass es drei Arten von der wissenschaftlichen Literatur gibt. Erstens geht es um die Primärquellen oder das wissenschaftliche Originalschrifttum. Zweitens handelt es sich um die Sekundärquellen wie Verzeichnisse wie Bibliographien oder Bibliothekskataloge.

---

[1] Brink, Alfred (2005) Anfertigung wissenschaftlicher Arbeiten. Ein prozessorientierter Leitfaden zur Erstellung von Bachelor-, Master-, und Diplomarbeiten. 2. Auflage2004, München, Oldenbourg

Drittens geht es um die Tertiärquellen wie Wörterbücher, Handbücher oder Lehrbücher.

Laut Eco, Umberto[2] (2010, 70) gelten Übersetzungen und Anthologie nicht als wissenschaftliche Quelle. Des Weiteren sind Zusammenfassungen, die durch andere Autoren geschrieben, als Quelle zweiter Hand zu betrachten.

In Anlehnung an Sommer, R.[3] (2006, 84) gibt es in der Sekundärliteratur verschiedene Textsorten wie Lehr- und Handbücher, Monographien, Sammelbände und Zeitschriftenartikel.

Lehr- und Handbücher bieten ein allgemeines Grundwissen über Teilbereiche eines Faches. Solche Literatur ist für eine Einführung in einen Themenbereich geeignet. Allerdings könnte diese Literatur nicht als zentrale Informationsquelle gebrauchen, denn sie beinhaltet keine innovativen Thesen.

Monographien beschäftigen sich intensiv und detailliert mit einem bestimmten Thema. Die Monographien können von einem Autor oder mehrere Autoren geschrieben werden.

Die Sammelbände enthalten Forschungsbeiträge, die von unterschiedlichen Autoren geschrieben sind. Die Sammelbände kommen in Form von Dokumentationsbänden von Kongressen, Konferenzen oder Tagungen, Festschriften und Nachschlagwerken vor. Die Zeitschriftartikel gelten als wissenschaftliche Beiträge und somit veröffentlichen sie Forschungsergebnisse, indem sie spezifische Themen behandeln

Laut Frank, Andrea, u.a. [4](2007, 32) geht es bei der Literaturrecherche darum, eine Fülle von Informationen zu bewältigen. Wenn man in einer Fachbibliothek nach Literatur sucht, braucht man dabei die Unterstützung vom Fachpersonal. Bei der Literaturrecherche schlagen Frank, Andrea, u.a. (2007, 32) folgende Tipps vor: Zuerst sollte man nicht die ganzen Bücher lesen. Es empfiehlt sich, dass der Kandidat nur die Texte liest, die ihm der Betreuer empfohlen hat. Wenn man mit der Recherche beginnt, sollte man auf folgende Aspekte achten, wie Titel, Inhaltsverzeichnisse, Literaturverzeichnisse, Abstracts, Einleitungen oder Zusammenfassungen. Bei der

[2] Eco, Umberto (2010, 13. Auflage) Wie man eine wissenschaftliche Abschlussarbeit schreibt. Heidelberg

[3] Sommer, Roy (2006) Schreibkompetenzen. Erfolgreich wissenschaftlich schreiben. Stuttgart. Klett

[4] Frank, Andrea, u.a. (2007) Schlüsselkompetenzen: Schreiben in Studium und Beruf. Verlag J.B. Metzler. Stuttgart und Weimar

Literaturrecherche geht es nicht darum, eine große Menge von Literatur zu finden, sondern darum, die richtige Literatur zu finden. Bei der Recherche sollte man sich zu den wichtigsten Texten Notizen machen, die man für die Arbeit braucht.

Bei der der Literatursuche sollte man nach Frank, Andrea, u.a. (2007, 33f) erst die Literatur nach folgenden Aspekten überprüfen:

Zuerst wird gesehen, ob der Text aktuell ist. In einem zweiten Schritt wird der Autor des Textes überprüft, ob er beispielsweise bereits Fachleistungen gemacht hat. Als Nächstes wird betrachtet, aus welcher disziplinären Perspektive der Text verfasst ist. Nachfolgend wird gesehen, welche Frage dem Text zugrunde liegt. Abschließend wird die Textsorte bestimmt, d.h. ob der Text z.B. eine Dissertation oder ein Zeitschriftenartikel oder Monographie ist. Um die Literaturqualität zu bestimmen und um die Menge der Literatur zu bewältigen, sollte man eine Fragestellung aufstellen und dabei das Thema eingrenzen.

Bei der Literaturrecherche sollte man laut Bünting, K-D, u.a. (2008, 61) die Literatur nach Textsorten einordnen: Erstens sollten die Textsorten nach Informationsangebot eingeteilt werden, wie z.B. allgemeine, überblickartige Darstellung; einführende, erklärende Darstellung oder spezialisierte, detaillierte Darstellung. Zweitens sollten die Textsorten nach Textumfang eingeordnet werden, wie z.B. Lexikonartikel, Aufsatz oder Monographie. Drittens sollten die Textsorten nach Grad der Verständlichkeit eingegliedert werden, wie z.B. anschaulich oder abstrakt; leicht oder kompliziert verfasst. Viertens sollten die Textsorten nach Grad der mit weiterführender Literatur bestimmt werden, wie z.B., ob es keine Verweise, Literaturliste am Ende oder Verweise aus dem Text gibt. Fünftens sollten die Textsorten nach unmittelbarer Verwertbarkeit einsortiert werden. Hier wird überprüft, ob die Literatur zitierfähig ist oder nicht.

Laut Kruse, Otto [5](2010; 81) hat die Recherche für Seminararbeiten drei Stufen: Die erste Stufe lautet; Orientierungs- und Einstiegsliteratur suchen. Hier geht es darum, welche Literatur zum Thema gibt es. Danach wird die Suche auf übergeordnete Begriffe erweitert. Dabei können Bibliothekskataloge, Bücherregale, Dozenten, Fachlexika und Wikipedia mit einbezogen. In der zweiten Stufe geht es darum, einen

---

[5] Kruse, Otto (2010) Lesen und Schreiben, Konstanz , UVK/UTB

Überblick zum eingegrenzten Themenbereich zu suchen. Hier wird eine gezielte Recherche zum eingegrenzten Thema gemacht werden. In der dritten Stufe geht es darum, ergänzende Literatur zu speziellen Fragen zu suchen, d.h. es könnten Einzelheiten im späteren Verlauf der wissenschaftlichen Arbeit auftauchen, die eine weitere Literatur benötigen.

Als Einstieg in die Recherche schlägt Bauder-Begerow, I.[6] (2008, 49) die Arbeit mit Fachlexikonartikel und Handbücher vor. Am Anfang der Recherche sollte man folgende Punkte beachten; der Umfang des eigenen Erkenntnisinteresses, die Methode, die Quellengrundlage, die theoretische Verortung und die Grundzüge der Gliederung der Arbeit.

Als Nächstes bieten sich andere Strategien für die Literaturrecherche. Laut Theisen, M.R.[7] (2005, 38) geht es in diesem Sinne um das systematische und pragmatische Recherchieren. Beim systematischen Recherchieren geht es um die Suche in Lexika, Bibliothekskatalogen, Bibliographien, Online-Fachdatenbanken, Rezensionen und Periodika. Beim pragmatischen Recherchieren geht es um Literaturlisten und Handapparat der Seminarveranstaltung, Literaturverzeichnisse in einführenden Lehrbüchern und Veröffentlichungen des betreuenden Dozenten.

Ferner gibt es für die Literaturrecherche eine weitere Methode. Es geht um das Schneeballsystem. In den Lehrbüchern und Monographien finden sich Verweise auf weiterführende Literatur. Wenn man diese Verweise verfolgt, bekommt man nach und nach mehr Literatur für das Thema, das man untersuchen will. In diesem Sinne schlägt Esselborn-Krumbiegel, H.[8] (2008, 74) vor, das neueste Buch oder den neuesten Artikel zu nehmen und darin die zitierten Forschungsbeiträge im Literaturverzeichnis nachzuschauen. Dieses Schneeballsystem erspart viele Zeit bei der Suche nach der relevanten Literatur zum Thema. Verweise auf weiterführende Literatur und detaillierte Literaturangaben finden sich vor allem in Dissertationen und

---

[6] Bauder-Begerow, Irina (2008) In: Nünning, Vera (Hrsg.) Schlüsselkompetenzen: Qualifikationen für Studium und Beruf, Stuttgart und Weimar Metzler Verlag

[7] Theisen, Manuel R. (2005, *12. Auflage*) Wissenschaftliches Arbeiten, München, Vahlen. Erste Auflage 1984.

[8] Esselborn-Krumbiegel, Helga (2008) Von der Idee zum Text. Eine Anleitung zum wissenschaftlichen Schreiben. 3. überarbeite Auflage 2008. Erste Auflage 2002. Paderborn. Schöningh UTB

Habilitationsschriften. Das Schneeball-Verfahren weist laut Franck, Norbert[9] (2009, 163) dennoch zwei Nachteile auf. Der erste Nachteil besteht darin, dass man nicht sicher ist, alle wichtigen Veröffentlichungen zu finden. Die Autoren zitieren voneinander und berücksichtigen dabei nicht, welchen wissenschaftlichen Ansatz ein Autor verfolgen könnte. Der zweite Nachteil besteht darin, dass man ältere Quellen als die erste Literarturquelle findet. Man geht in diesem Sinne zeitlich rückwärts bei diesem Verfahren.

Bauder-Begerow, I.[10] (2008, 57) verweist darauf, dass man für die Definitionen und Hintergrundinformationen fachliche Nachschlagwerke verwenden sollte, d.h. allgemeine Konversationslexika und die Internet-Enzyklopädie Wikipedia sollte man als wissenschaftliche Quelle nicht gebrauchen, denn die Informationen, die sie bieten, sind wissenschaftlich nicht überprüfbar und somit sind sie keine zitierfähige Literatur. Das Bibliografieren gilt laut Kruse, O.[11] (2007, 137) als ein systematisches Erfassen von Literatur, dabei geht es darum, den Wissenstand in einem bestimmten Themenbereich herauszuarbeiten. Beim Recherchieren bilden sich zwei Herausforderungen heraus. Es geht um die große Fülle der Literatur und die neuen Recherchemethoden, die durch das Internet durchgeführt werden könnten.

Beim Recherchieren sollte man mit den Literaturdatenbanken der eigenen Disziplin vertraut sein. wenn man Literatur für ein interdisziplinäres Thema sucht, stellt sich die Schwierigkeit ein, die Literatur in mehreren Disziplinen parallel zu suchen.

Bei der Literaturrecherche bieten sich einige elektronische Programme als Hilfe an. Es geht um das Programm *Endnote*. Es gilt als ein Literaturverwaltungssystem. Bei diesem System speichert man bibliographische Daten. Diese Daten können über eine Maske eingegeben werden. Darin kann man Daten wie Verfasser, Titel, Zeitschrift oder Sammelband, Seitenzahl, Jahrgang, Ort, Verlage und weitere Informationen wie Abstracts, Exzerpte, Signatur, ISBN-Nummer etc eingeben. Auf diese Weise könnte

---

[9] Franck, Norbert und Stary, Joachim (2009) Die Technik wissenschaftlichen Arbeitens. Padernborb. Ferdinand Schöningh. 15. überarbeitete Auflage. Erste Auflage 2003

[10] Bauder-Begerow, Irina (2008) In: Nünning, Vera (Hrsg.) Schlüsselkompetenzen: Qualifikationen für Studium und Beruf, Stuttgart und Weimar Metzler Verlag

[11] Kruse, Otto (2007) Keine Angst vor dem leeren Blatt. Ohne Schreibblockaden durchs Studium. Campus Concret. Frankfurt/ Main, New York.. 12., völlig neu bearbeitete Auflage

eine eigene Literaturdatenbank erstellt werden. Außerdem gibt es weitere nützliche Systeme im Internet wie *Lit-Link, LiteRat, Citavi* und *Web of Knowledge*. In Anlehnung an Sommer, R.[12] (2006, 86) finden sich an den Universitätsbibliotheken Kataloge über den Bestand von Büchern, Zeitschriften und Medien. Hier kann man die Bestellungen von Büchern durch das Internet durchführen. Ein Vorteil besteht darin, dass man jederzeit und von zuhause die Bücher bestellen kann. Die Universitätsbibliotheken sind mit Onlinekatalogen ausgestattet. Es geht nämlich um den so genannten *„Online Public Access Catalogue,,* (OPAC). Dieser Katalog findet sich auf der Weibseite der jeweiligen Universitätsbibliothek. Dadurch kann man Bücher bestellen oder vormerken oder sogar Verlängerungen von bestellten Büchern machen.

Bei der Suche in Literaturdatenbanken gibt es Grundregeln, wie man Suchbegriffe effizienter gebraucht. Bei der Literaturrecherche bietet es sich an, verschiedene Synonyme oder verwandte Begriffe zu verwenden. Bei der Eingabe von Suchbegriffen sollte man darauf achten, dass es keine Tippfehler dabei gibt. Ansonsten werden keine Ergebnisse angezeigt. Außerdem empfiehlt es sich, die sogenannten Suchoperatoren zu verwenden, um die Suche nach Literatur einzugrenzen.

Die Internet-Recherche weist laut Brauner, D. J.[13] (2004, 33) unterschiedliche Vorteile auf. Die Online-Recherche ist komfortabel und zielgerichtet. Ein weiterer Vorteil besteht darin, dass sie dazu verhilft, große Anzahl von Ergebnissen mit geringem Aufwand zu erzielen. Außerdem zeigt sie den aktuellen Stand der Literatur. Demgegenüber bietet die Internet-Recherche auch Nachteile. Die Informationen im Internet sind nicht unbedingt seriös und zuverlässig. Ferner besteht dabei die Plagiatgefahr. Durch die neue Technik des Computers neigt man somit dazu, Informationen ohne große Mühe zu kopieren und einzufügen. Des Weiteren könnte bei der Internet-Recherche ältere Forschungsliteratur nicht vollständig gefunden.

---

[12] Sommer, Roy (2006) Schreibkompetenzen. Erfolgreich wissenschaftlich schreiben. Stuttgart. Klett

[13] Brauner, Detlef Jürgen/ Vollmer, Hans-Ulrich (2004) Erfolgreiches wissenschaftliches Arbeiten. Seminararbeit, Diplomarbeit, Doktorarbeit. Sternenfels. Wissenschaft und Praxis

Bei Online-Datenbanken könnte man laut Bünting, K-D, u.a.[14] (2008, 59) in einem Katalog recherchieren, indem man Autorennamen, vollständigen Buchtiteln, Titelstichworten oder Schlagwörter eingibt. Bei der Eingabe von Schlagwörtern und Stichwörtern sollte man verschiedene Schlagwörter verwenden. Wenn ein Begriff im Singular eingegeben wurde, werden allerdings alle Einträge, die diesen Begriff im Plural nicht angezeigt. So bietet es sich an, die Begriffe sowohl im Singular als auch im Plural einzugeben. Bei der Internet-Recherche kann man folgende Suchstrategien verwenden. Es geht um die Pattern-Methode und die semantische Methode. Bei Pattern-Methode gibt man ein bekanntes Schlagwort. Je allgemeiner das Schlagwort ist, umso vieler Literatur erreicht man. Bei der semantischen Methode wird versucht, mit vielen Begriffen inhaltliche Zusammenhänge zwischen diesen Begriffen zu schaffen und so wird die Recherche erfolgreicher. Vgl. Bünting, K-D, u.a. (2008, 60)

Der Fragebogen

Stichprobe

Die schriftliche Befragung wurde im Januar 2013 an der Universität Oran durchgeführt. An der Umfrage beteiligten sich 100 Germanistikstudenten. Die befragten Studierenden befanden sich zur Zeit der Befragung im zweiten Jahr Masterstudium. Das Durchschnittsalter der Untersuchungsgruppe betrug 24 Jahre. Unter den Befragten waren 20% männlich und 80% weiblich.

Konzipierung und Durchführung der Befragung

Die Befragung wurde anonym in Form eines Fragebogens im Januar 2013 durchgeführt.

Der Fragebogen besteht aus 26 Fragen, die die Studenten bewerten sollten. Diese Befragung sollte außerdem   Auskunft über die Einstellung der Studenten über die Phase der Literaturrecherche beim Schreiben von wissenschaftlichen Arbeiten geben.

Die erste Frage geht darauf ein, ob die befragten Studierenden, immer nach geeigneter und aktueller Literatur für das Thema suchen. Die nächste Frage geht darauf ein,

---

[14] Bünting, K-D, u.a. (2008) Schreiben im Studium: mit Erfolg. Ein Leitfaden. Cornelsen Scriptor. Berlin.. Siebte Auflage

welche Literatur sie brauchen? Primär- oder Sekundärliteratur? Danach soll geklärt werden, ob sie nach geeigneter Literatur eher in Lehr- und Handbücher, Monographien, Sammelbände oder Zeitschriftenartikel suchen. Anschließend sollte ermittelt werden, ob sie darauf achten, dass die Literatur aktuell ist. Die nächste Frage befasst sich damit, ob die Befragten überprüfen, ob der Autor des Textes, bereits Fachleistungen gemacht hat. Die nächste Frage beschäftigt sich damit, ob die Befragten darauf achten, aus welcher disziplinären Perspektive der Text verfasst ist. Die nächste Frage geht darauf ein, ob die Befragten bei Literatursuche die Textsorte bestimmen, ob der Text z.b. eine Dissertation oder ein Zeitschriftenartikel oder Monographie ist. Anschließend sollte ermittelt werden, ob sie ihren Betreuer nach weiteren Literaturhinweisen fragen. Danach sollte untersucht werden, ob die Befragten nach Unterstützung vom Fachpersonal bei der Literaturrecherche in der Universitätsbibliothek fragen. Anschließend sollte ermittelt werden, ob sie in aktuellen Publikationen im Literaturverzeichnis nach relevanter Literatur suchen. Anschließend sollte ermittelt werden, ob sie in elektronischen Zeitschriften nach Literatur suchen. Danach sollte untersucht werden, ob sie Fachdatenbanken bei der Literaturrecherche benutzen. Die nächste Frage klärt, ob sie Bibliothekskataloge bei der Literaturrecherche gebrauchen. Anschließend sollte ermittelt werden, ob sie das Internet benutzen, um ihre Recherche durchzuführen. Danach sollte untersucht werden, ob sie Zeitschriftenportale bei der Literaturrecherche gebrauchen. Anschließend sollte untersucht werden, wie sie mit der großen Fülle der Literatur umgehen. Die nächste Frage beschäftigt sich damit, worauf sie achten, wenn sie die Recherche durchführen. Eine große Menge von Literatur zu finden oder die richtige Literatur zu finden? Anschließend wird untersucht, ob die Befragten einschlägige und aktuelle Literatur zum Thema konsultieren. Darauf folgend wird untersucht, worauf sie achten, wenn Sie mit der Recherche beginnen. (Titel, Inhaltsverzeichnisse, Literaturverzeichnisse, Abstracts, Einleitungen oder Zusammenfassungen.). Die nächste Frage befasst sich damit, ob die Befragten systematisch in Lexika, Bibliothekskatalogen und Online-Fachdatenbanken recherchieren. Die nächste Frage beschäftigt sich damit, ob die Befragten pragmatisch in Literaturlisten der Seminarveranstaltung, Literaturverzeichnisse in den Veröffentlichungen des betreuenden Dozenten recherchieren. Die nächste geht darauf ein, ob die Befragten das Schneeballprinzip benutzen, indem sie in die Literaturverzeichnisse von Publikationen schauen. Die nächste Frage klärt, ob die Befragten zufrieden mit den Ergebnissen der Datenbankrecherche in ihrer Bibliothek sind. Anschließend sollte ermittelt werden, wie sie mit den neuen Recherchemethoden umgehen, die durch das Internet durchgeführt werden könnten. Die nächste Frage geht darauf ein, ob die Befragten im Online-Katalog der Universitätsbibliothek nach Schlagwörtern zum Thema suchen. Abschließend wird untersucht, ob die Befragten bei der Online-Recherche auf unzuverlässige Quellen wie *Wikipedia* achten.

Rücklauf und Repräsentativität

Der Fragebogen erreichte gut 100 Studenten. Die Nettorücklaufquote liegt bei 100%. Dem Fragebogen war ein Anschreiben beigefügt, das die Untersuchungsziele erläutert, sowie einen Hinweis auf die Freiwilligkeit der Teilnahme und eine Erklärung zum Datenschutz enthält. Die Rücklaufquote kann man als zufrieden stellend bezeichnen. Es lassen sich also Aussagen treffen, die für die Einstellungen über die Phase der Literaturrecherche beim Schreiben von wissenschaftlichen Arbeiten hinreichend verlässlich sind. Natürlich rechtfertigt die begrenzte Anzahl der Befragten keinen Anspruch auf Allgemeingültigkeit.

Auswertung der Ergebnisse

Auf die erste Frage, ob die befragten Studierenden, immer nach geeigneter und aktueller Literatur für das Thema suchen, wurden folgende Angaben gemacht: 96% der Befragten gaben an, dass sie immer nach geeigneter und aktueller Literatur für das Thema suchen. 04% haben keine Angaben über diese Frage gemacht. Anschließend wird untersucht, welche Literatur sie brauchen. Primär- oder Sekundärliteratur? Die Befragten gaben unterschiedliche Antworten an: 72% sagten, dass sie beide Primär- oder Sekundärliteratur brauchen. Hingegen sagten 22%, dass sie nur Sekundärliteratur brauchen. Andrerseits haben 06% keine Angaben über diese Frage gemacht. Des Weiteren wird auf die Frage eingegangen, ob sie nach geeigneter Literatur eher in Lehr- und Handbücher, Monographien, Sammelbände oder Zeitschriftartikel suchen. 60% der Befragten gaben an, dass sie nach geeigneter Literatur eher in Lehr- und

Handbücher suchen. Dazu gaben 24% der Befragten an, dass sie nach geeigneter Literatur eher in Monographien suchen. Ferner gaben 09% der Befragten an, dass sie nach geeigneter Literatur eher in Sammelbände suchen. Lediglich gaben 05% der Befragten an, dass sie nach geeigneter Literatur eher in Zeitschriftenartikel suchen. Allerdings haben 02% keine Angaben hinsichtlich dieser Frage gemacht. Anschließend sollte ermittelt werden, ob sie darauf achten, dass die Literatur aktuell ist. Auf diese Frage haben 90% der Befragten mit „ja" geantwortet. 07% der Befragten haben mit selten geantwortet. 03% machten keine Angaben über diese Frage. In einem weiteren Schritt wird untersucht, ob die Befragten überprüfen, ob der Autor des Textes, bereits Fachleistungen gemacht hat. Auf diese Frage haben 44% der Befragten mit „ja" geantwortet. 52% haben mit „nein" geantwortet. 04% machten keine Angaben über diese Frage. Nachfolgend wird darauf eingegangen, ob die Befragten darauf achten, aus welcher disziplinären Perspektive der Text verfasst ist. 68% der Befragten haben mit „ja" geantwortet. 30% haben mit „nein" geantwortet. Dennoch gaben 02% der Befragten keine Angaben über diese Frage. Danach sollte untersucht werden, ob die Befragten bei Literatursuche die Textsorte bestimmen, ob der Text z.B. eine Dissertation oder ein Zeitschriftenartikel oder Monographie ist. Auf diese Frage gaben 95% der Befragten an, dass sie bei Literatursuche die Textsorte bestimmen, ob der Text z.B. eine Dissertation oder ein Zeitschriftenartikel oder Monographie ist. 03% sagten, dass sie bei Literatursuche die Textsorte nicht bestimmen, ob der Text z.B. eine Dissertation oder ein Zeitschriftenartikel oder Monographie ist. 02% der Befragten machten im Hinblick auf diese Frage keine Angaben. Die nächste Frage geht darauf ein, ob sie ihren Betreuer nach weiteren Literaturhinweisen fragen. 61% der Befragten haben mit „ja" geantwortet. 37% haben mit „nein" geantwortet. Allerdings gaben 02% der Befragten keine Angaben über diese Frage. Anschließend sollte ermittelt werden, ob die Befragten nach Unterstützung vom Fachpersonal bei der Literaturrecherche in der Universitätsbibliothek fragen. 80% der Befragten haben mit „ja" geantwortet. 16% haben mit „nein" geantwortet. Jedoch gaben 04% der Befragten keine Angaben über diese Frage. Danach sollte untersucht werden, ob sie in aktuellen Publikationen im Literaturverzeichnis nach relevanter Literatur suchen. 86% der Befragten haben mit „ja" geantwortet. 12% haben mit „nein" geantwortet. Allerdings gaben 02% der Befragten keine Angaben über diese Frage. Anschließend sollte ermittelt werden, ob sie in elektronischen Zeitschriften nach Literatur suchen. 29% der Befragten haben mit „ja" geantwortet. 69% haben mit „nein" geantwortet. Allerdings gaben 02% der Befragten keine Angaben über diese Frage. Des Weiteren wird auf die Frage eingegangen, ob sie Fachdatenbanken bei der Literaturrecherche benutzen. 07% der Befragten haben mit „ja" geantwortet. 88% haben mit „nein" geantwortet. Jedoch gaben 05% der Befragten keine Angaben über diese Frage.

In einem weiteren Schritt wird untersucht, ob sie Bibliothekskataloge bei der Literaturrecherche gebrauchen. 94% der Befragten haben mit „ja" geantwortet. 04% haben mit „nein" geantwortet. Allerdings gaben 02% der Befragten keine Angaben über diese Frage. Darüber hinaus wird geklärt, ob sie das Internet benutzen, um ihre Recherche durchzuführen. 95% der Befragten haben mit „ja" geantwortet. 03% haben mit „nein" geantwortet. Jedoch gaben 02% der Befragten keine Angaben über diese Frage. Danach sollte untersucht werden, ob sie Zeitschriftenportale bei der Literaturrecherche gebrauchen. 05% der Befragten haben mit „ja" geantwortet. 90% haben mit „nein" geantwortet. Allerdings gaben 05% der Befragten keine Angaben über diese Frage. Die nächste Frage geht darauf ein, wie sie mit der großen Fülle der Literatur umgehen. 33% der Befragten gaben an, dass sie dabei nur die aktuellste Literatur nehmen. Ein Befragter gab an, dass er nur Bücher sucht. Er verzichtet dabei auf andere Literaturquellen wie Zeitschriften oder Internet. Ein weiterer Befragter äußert sich, dass er die Literatur nach Textsorten aussortiert. Anschließend sucht er in jeder Kategorie von Texten nach der passenden Literatur. 56% der Befragten stehen hilflos gegenüber der großen Anzahl der Literaturquellen. Sie finden große Schwierigkeiten, diese Fülle von Literatur zu bewältigen. 09% der Befragten haben Schwierigkeiten bei der Literatursuche vor allem im Internet. 02% der Befragten machten darüber keine Aussagen. Anschließend sollte ermittelt werden, worauf sie achten, wenn sie die Recherche durchführen. Eine große Menge von Literatur zu finden oder die richtige Literatur zu finden? Auf diese Frage gaben die Befragten unterschiedliche Antworten an: 60% der Befragten achten darauf, die richtige Literatur zu finden, wenn sie die Recherche durchführen. 28% der Befragten achten sowohl auf die Qualität als auch auf die Qualität der Literatur, wenn sie die Recherche durchführen. 02% machten hinsichtlich dieser Frage keine Angaben. Danach sollte untersucht werden, ob die Befragten einschlägige und aktuelle Literatur zum Thema konsultieren. 76% der Befragten haben mit „ja" geantwortet. 15% haben mit „nein" geantwortet. Dennoch gaben 09% der Befragten keine Angaben über diese Frage. Anschließend sollte ermittelt werden, worauf sie achten, wenn Sie mit der Recherche beginnen. (Titel, Inhaltsverzeichnisse, Literaturverzeichnisse, Abstracts, Einleitungen oder Zusammenfassungen.). Auf diese Frage gaben die Befragten unterschiedliche Antworten an: 95% der Befragten achten auf den Titel, wenn Sie mit der Recherche beginnen. 80% der Befragten achten auf das Inhaltsverzeichnis. 31% der Befragten achten auf das Literaturverzeichnis. 22% der Befragten achten auf das Abstract. 66% der Befragten achten auf die Einleitungen. 20% der Befragten achten auf die Zusammenfassungen, wenn Sie mit der Recherche beginnen. Allerdings machten 02% der Befragten keine Angaben über diese Frage. Des Weiteren wird auf die Frage eingegangen, ob die Befragten systematisch in Lexika, Bibliothekskatalogen und Online-Fachdatenbanken recherchieren. 71% der Befragten haben mit „ja" geantwortet. 27% haben mit „nein" geantwortet. Dagegen gaben 02% der Befragten keine Angaben über diese Frage. In einem weiteren Schritt wird untersucht, ob die Befragten pragmatisch in Literaturlisten der Seminarveranstaltung, Literaturverzeichnisse in den Veröffentlichungen des betreuenden Dozenten recherchieren. 52% der Befragten haben mit „ja" geantwortet. 46% haben mit „nein" geantwortet. Immerhin gaben 02% der Befragten keine Angaben über diese Frage.

Darüber hinaus wird geklärt, ob die Befragten das Schneeballprinzip benutzen, indem sie in die Literaturverzeichnisse von Publikationen schauen. 60% der Befragten haben mit „ja" geantwortet. 38% haben mit „nein" geantwortet. Demgegenüber gaben 02% der Befragten keine Angaben über diese Frage. Danach sollte untersucht werden, ob die Befragten zufrieden mit den Ergebnissen der Datenbankrecherche in ihrer Bibliothek sind. 67% der Befragten haben mit „ja" geantwortet. 31% haben mit „nein" geantwortet. Dennoch gaben 02% der Befragten keine Angaben über diese Frage.

Anschließend sollte ermittelt werden, wie sie mit den neuen Recherchemethoden umgehen, die durch das Internet durchgeführt werden könnten. 80% der Befragten sagten, dass sie mit den neuen Recherchemethoden im Internet nicht vertraut sind. So gebrauchen sie nicht. Ansonsten begnügen sie sich nur mit der Recherche durch die Suchmaschine *Google*. Allerdings machten 10% der Befragten keine Angaben über diese Frage. Des Weiteren wird auf die Frage eingegangen, ob die Befragten im

Online-Katalog der Universitätsbibliothek nach Schlagwörtern zum Thema suchen. 90% der Befragten haben mit „ja" geantwortet. 07% haben mit „nein" geantwortet. Hingegen gaben 03% der Befragten keine Angaben über diese Frage.

Abschließend wird untersucht, ob die Befragten bei der Online-Recherche auf unzuverlässige Quellen wie *Wikipedia* achten. 60% der Befragten haben mit „ja" geantwortet. 37% haben mit „nein" geantwortet. Dagegen gaben 03% der Befragten keine Angaben über diese Frage.

Aus der Befragung wird ersichtlich, dass sich einige Befragten bei der Phase der Literaturrecherche keiner methodischen Herangehensweise bedienen. Dies mag darin begründet sein, dass sie mit den neuen Techniken der Literaturrecherche vor allem im Internet nicht genug vertraut sind. In diesem Sinne bietet sich an, diese relevante Phase beim wissenschaftlichen Schreiben im Fremdsprachenunterricht gebührend zu trainieren.

Literatur

Bauder-Begerow, Irina (2008) In: Nünning, Vera (Hrsg.) Schlüsselkompetenzen: Qualifikationen für Studium und Beruf, Stuttgart und Weimar Metzler Verlag

Brauner, Detlef Jürgen/ Vollmer, Hans-Ulrich (2004) Erfolgreiches wissenschaftliches Arbeiten. Seminararbeit, Diplomarbeit, Doktorarbeit. Sternenfels. Wissenschaft und Praxis

Brink, Alfred (2005) Anfertigung wissenschaftlicher Arbeiten. Ein prozessorientierter Leitfaden zur Erstellung von Bachelor-, Master-, und Diplomarbeiten. 2. Auflage 2004, München, Oldenbourg

Bünting, K-D, u.a. (2008) Schreiben im Studium: mit Erfolg. Ein Leitfaden. Cornelsen Scriptor. Berlin.. Siebte Auflage

Eco, Umberto (2010, 13. Auflage) Wie man eine wissenschaftliche Abschlussarbeit schreibt. Heidelberg. (Erste Auflage1988)

Esselborn-Krumbiegel, Helga (2008) Von der Idee zum Text. Eine Anleitung zum wissenschaftlichen Schreiben. 3. überarbeite Auflage 2008. Padernborn. Schöningh UTB. (Erste Auflage 2002)

Franck, Norbert und Stary, Joachim (2009)   Die Technik wissenschaftlichen Arbeitens. Padernborb. Ferdinand Schöningh. 15. überarbeitete Auflage. (Erste Auflage 2003)

Frank, Andrea, u.a. (2007) Schlüsselkompetenzen: Schreiben in Studium und Beruf. Verlag J.B. Metzler. Stuttgart und Weimar

Kruse, Otto (2007) Keine Angst vor dem leeren Blatt. Ohne Schreibblockaden durchs Studium. Campus Concret. Frankfurt/ Main, New York.. 12., völlig neu bearbeitete Auflage

Kruse, Otto (2010) Lesen und Schreiben, Konstanz , UVK/UTB

Sommer, Roy (2006) Schreibkompetenzen. Erfolgreich wissenschaftlich schreiben. Stuttgart. Klett

Theisen, Manuel R. (2005, *12. Auflage*) Wissenschaftliches Arbeiten, München, Vahlen. (Erste Auflage 1984)